JUSQU'AUX OS!
d'Alain Fournier
est le cinq cent cinquante-deuxième ouvrage
publié chez
VLB ÉDITEUR
et le neuvième de la collection
«Jeune théâtre».

D1099261

du même auteur

CIRCUIT FERMÉ, VLB éditeur, coll. «Jeune théâtre», 1987.

PETIT-TCHAÏKOVSKI OU LA LIQUÉFACTION DE LA LUMIÈRE, Montréal, Les Herbes Rouges, 1990.

LA PETITE FILLE QUI AVAIT MIS SES PARENTS DANS SES POCHES, Montréal, VLB éditeur, coll. «Théâtre pour enfants», 1994.

Alain Fournier

Jusqu'aux os!

Préface de Gilbert David

vlb éditeur

VLB ÉDITEUR
Une division du groupe Ville-Marie Littérature
1010, rue de la Gauchetière Est,
Montréal, Québec
H2L 2N5
Tél.: (514) 523-1182
Télécopieur: (514) 282-7530

Maquette de la couverture: Eric L'Archevêque
Photos de la couverture et intérieures: Stéphanie Kretzschmer

Données de catalogage avant publication (Canada)

Fournier, Alain, 1951-

Jusqu'aux os!

(Jeune théâtre)
Pour les adolescents.

ISBN 2-89005-622-8

I. Titre.   II. Collection: Jeune théâtre (Montréal, Québec).

PS8561.083567J87 1995   C842'.54   C95-941229-9
PS9561.083567J87 1995
PQ3919.2.F68J87 1995

DISTRIBUTEURS EXCLUSIFS:

• Pour le Québec, le Canada et les
États-Unis:
  LES MESSAGERIES ADP*
  955, rue Amherst, Montréal,
  Québec H2L 3K4
  Tél.: (514) 523-1182
  Télécopieur: (514) 939-0406
  * Filiale de Sogides ltée

• Pour la Belgique et le Luxembourg:
  PRESSES DE BELGIQUE S.A.
  Boulevard de l'Europe, 117,
  B-1301 Wavre
  Tél.: (10) 41-59-66
      (10) 41-78-50
  Télécopieur: (10) 41-20-24

• Pour la Suisse:
  TRANSAT S.A.
  Route des Jeunes, 4 Ter,
  C.P. 125, 1211 Genève 26
  Tél.: (41-22) 342-77-40
  Télécopieur: (41-22) 343-46-46

• Pour la France et les autres pays:
  INTER FORUM
  Immeuble PARYSEINE,
  3, allée de la Seine,
  94854 IVRY Cedex
  Tél.: (1) 49.59.11.89/91
  Télécopieur: (1) 49.59.11.96
  Commandes: Tél.: (16) 38.32.71.00
          Télécopieur: (16) 38.32.71.28

La vie devant soi

> *Au moment de l'adolescence, l'immaturité est un élément essentiel de la santé.*
>
> D. W. WINNICOTT,
> Jeu et réalité

Il en va du théâtre destiné aux adolescents comme du théâtre tout court: c'est le plaisir qu'il procure qui compte. Faible ou fort, grossier ou subtil, le plaisir est un vaste domaine qui ne se réduit pas, il s'en faut, au seul rire. Pour s'en tenir à la scène, il comprend aussi des zones paradoxales — le «plaisir des larmes», cher à Diderot, par exemple — et il procède d'une alchimie simple ou complexe qui varie dans le temps, c'est-à-dire d'une époque à l'autre et tout aussi bien — découverte plus récente — d'une période à l'autre de la vie d'un individu. Et c'est sans doute pour répondre au besoin humain inné d'identification et de reconnaissance qu'il existe aujourd'hui un théâtre bien vivant qui va à la rencontre des jeunes publics en se plaçant pour ainsi dire sur leur terrain. D'égal à égal, sans paternalisme ni condescendance.

Mais représenter des adolescents à des adolescents ne va pas de soi, surtout quand on ne veut pas reconduire des stéréotypes et se contenter de généralités faciles. Encore moins quand on ne veut pas se faire racoleur. Il existe, en fait, une éthique implicite de la rencontre entre un auteur, relayé par des artistes de la scène, et le public, quel qu'il soit. Cette éthique réclame de l'écrivain de théâtre l'honnêteté dans l'observation, le respect total de la dignité de ses personnages en dépit de leurs contradictions ou de leurs défaillances et, par-dessus tout, la capacité de transcender les situations qu'il a élaborées en donnant à réfléchir au spectateur en toute liberté. En un mot, l'auteur doit se faire poète.

En ce sens, Jusqu'aux os!*, d'Alain Fournier, s'adresse éloquemment aux jeunes Québécois de maintenant, en représentant la désinvolture, l'idéalisme et les préoc-cupations de l'actuelle génération des quinze à dix-sept ans, à travers le portrait de trois «ados», à la fois impré-gnés de nobles idéaux et animés par l'«envie de vivre cent millions de vies différentes». Ce texte et la pro-duction scénique inventive du théâtre Le Clou qui en a résulté, constituent, tous théâtres confondus, l'une des grandes réussites du théâtre de création de ces der-nières années au Québec. Il faut, à mon avis, remonter à la création d'*Où est-ce qu'elle est ma gang?*, de Louis-Dominique Lavigne, par le Théâtre Petit à Petit en 1982, pour retrouver un spectacle destiné aux ado-lescents qui ait eu le même retentissement et la même pertinence.*

Ce qui frappe d'emblée à la lecture de ce texte dramatique décapant, c'est sa structure éclatée, bien que toute l'action — divisée en mouvements *— y soit confinée à un lieu unique: le sous-sol, qui a des allures de loft, de la maison désertée par les parents — partis chacun de son côté en voyage à l'étranger — d'un garçon qui se demande «quel genre d'homme il veut devenir face à son père», en compagnie de deux copines aux tempéraments contrastés. Cette retraite à trois,* *d'une durée de deux mois — le trio sera autosuffisant, à même une réserve de repas congelés, une attention déculpabilisante des parents absents du jeune homme hôte —, aura tout d'un jeu abrasif sur la connaissance de soi. Un tel huis clos sera ainsi propice à l'exploration ludique de l'individualité en voie d'affirmation de chacun des protagonistes.*

Autre aspect frappant: l'auteur a heureusement évité le piège téléromanesque de la «tranche de vie» (et du verbiage «psychologisant» qui l'accompagne) et il lui a préféré une écriture nettement plus subjective, au gré d'un rythme qui se dilate et se contracte selon l'ambiance, sans même exclure les temps morts. La vie de ces jeunes gens prend dès lors la forme d'un véritable happening — vidéo et bande sonore à l'appui —, lançant un défi permanent à la cohérence et à la logique cartésienne. Ce qui vaut au public — j'en ai été témoin à deux reprises — d'aller de surprise en surprise, captivé qu'il est par un savoureux coq-à-l'âne qui laisse affleurer avec justesse les états d'âme et les soubresauts du cœur de ces jeunes qui, comme le constate ironiquement l'un d'eux, sont en train de s'exercer à vivre tout seuls...

L'instabilité typique du comportement adolescent se trouve ici admirablement représentée à travers le déroulement en dents de scie de la pièce, ouverte aux brusques changements d'attitude et aux soudaines poussées d'adrénaline de ces ados, tour à tour durs et tendres, fiévreux et mélancoliques. Le joyeux chaos dans lequel plongent MOI, TOI et ELLE — ainsi que les nomme l'auteur — est à l'image de leur immaturité constitutive, absolument vitale en tant que dépense d'un trop-plein d'énergie, en tant que liberté qui cherche tant bien que mal à rimer avec responsabilité.

Cette immaturité s'exprime par de généreux coups de tête et par une agressivité bien sentie à l'endroit d'un

*monde qui leur apparaît — comment les contredire? —
«loin d'être parfait». Leurs projets, «prendre un appart'»,
partir pour l'Afrique avec Jeunesse Canada Monde ou
fonder le Parti mondial des jeunes, en d'autres mots
leur volonté de «refaire le monde», ne tiennent pas
compte, comme de raison, du principe de réalité. Ils
sont sentimentaux et hypercritiques, méfiants face aux
apparences et soucieux de «bien paraître». Ils se
montrent intransigeants devant le mensonge et ils se
bercent d'illusions en chantant le monde qui «est là
comme un cadeau». Ils vivent à plein «l'âge des
espérances et des chimères», comme l'écrivait Rimbaud
à dix-sept ans.*

*Que ce soit dans leurs relations avec leurs parents
(présents malgré leur éloignement), dans leur quête
d'identité ou dans leur recherche d'autonomie, les trois
personnages de* Jusqu'aux os! *naviguent à vue. Ils ont
trouvé refuge dans une bulle, mais ils n'ont pas quitté
notre monde pour autant. Ils sont informés (plus qu'on
aime à le croire), voraces, excités, mais aussi graves,
blagueurs, effrontés. Leur existence est un feu d'artifices.
D'où notre plaisir constant à suivre les méandres de
leurs pensées, à les accompagner dans leurs folies.*

*Avoir toute la vie devant soi, tel est le privilège
incendiaire de l'adolescence. Certains s'y brûlent les
ailes. C'est la part du feu. La plupart, comme les trois
larrons de la pièce, se tirent fort bien d'affaire, d'abord
en endossant leur intense créativité. Ils apprendront
bien, tôt ou tard, que la vie est un jeu aux règles
souvent impitoyables. Mais, entre-temps, ils sont si
beaux à voir que ce serait bien dommage de ne pas les
laisser se moquer des avertissements. Leur apparente
immaturité est porteuse d'avenir.*

GILBERT DAVID

Et si on refaisait le monde pour les amis…

SUJET

Ils sont trois, deux filles et un garçon dont les
parents sont en voyage. Ne voulant pas rester seul, il
invite ses deux amies à partager avec lui la maison
vide de ses parents. Se nourrissant de repas congelés
laissés en réserve par la mère, ils envahissent le sous-
sol où ils apprennent l'autonomie et la cohabitation.
Dans cette caverne de Platon, ils font l'expérience,
entre eux et avec le monde, des relations nouvelles
dont ils rêvent. Véritable chrysalide de la société de
demain, ce sous-sol est un laboratoire de l'affirmation
de soi et de la tolérance. Ils y vivent l'héritage culturel
laissé par le Québec des années soixante-dix, la nou-
velle identité québécoise à l'intérieur du village global,
la difficulté de devenir adulte dans une société sans
véritable modèle et l'impossibilité de faire entendre
leur parole propre. Ces thèmes alimentent les trois
intrigues qui s'entrecroisent: la Québécoise d'adoption
qui veut retrouver ses parents biologiques avec l'aide
de ses amis, l'autre fille qui est confrontée à l'insécu-
rité de l'autonomie et le gars qui cherche à définir
quel genre d'homme il veut devenir face à un père

nouvel homme d'affaires québécois engagé dans le commerce international.

L'action se déroule suivant le rythme irrégulier et intense des émotions adolescentes, conflictuelles, provocantes mais aussi d'une désarmante tendresse. Malgré leurs désillusions, les personnages découvrent qu'ils ont la force, l'imagination et le pouvoir de refaire le monde.

Dans ce texte, j'ai exploré une nouvelle narrativité, en m'éloignant du modèle télévisuel où le personnage en situation de crise résout son problème au dénouement. L'action se présente plutôt comme un processus de prise de conscience, dans ses affrontements aussi bien que dans son mûrissement intérieur. Il s'ensuit un texte à portée sociale et philosophique dans lequel l'action apparaît comme l'expression d'une prise de conscience graduelle. Des niveaux de langage et de jeu, subtils et variés, rendent le texte imprévisible et attirent l'attention sur la pensée adolescente. Cette recherche sur la structure dramatique, qui donne une forme hybride où alternent poésie, chansons, clips, théâtre gestuel et performance, prépare le jeune public aux préoccupations formelles du théâtre québécois actuel. Beaucoup d'humour alimente le discours critique des personnages où l'émotion tient autant de place que la logique, soulignant l'unification de la personnalité divisée des adolescents.

PERSONNAGES

Les trois jeunes sont en cinquième secondaire. Ils sont nommés MOI, TOI, ELLE. Ces trois noms, même s'ils compliquent quelque peu la lecture, ont le mérite de rappeler constamment un certain rapport au monde. Comme l'évolution de ce rapport au monde est le thème de la pièce, je préfère le situer dès le départ et le maintenir présent à l'esprit tout au long du texte.

La compagnie de théâtre Le Clou m'a demandé d'écrire une pièce sur l'éparpillement des adolescents. Mais cet éparpillement est une apparence. Un ami, très sérieux, a parlé de structure involutive, après avoir lu ce texte. C'est, en effet, en allant vers le centre de la cible que le trajet prend son sens. Spirale, pyramide renversée, la dramaturgie se resserre à mesure que la conscience des personnages se développe.

MOI

Pourrait commencer toutes ses phrases par: «Moi, j'pense que...» Ne le fera pas, rassurez-vous. Mais le personnage est là. Bien entendu, elle ne s'en rend pas compte. C'est la *Jewish Princess* de la pièce; un peu Bette Midler dans un film de Woody Allen. Elle parle toute seule, souvent. On peut la traiter en *stand-up* comique. Quoi qu'elle en pense, car elle est très dure pour elle-même, elle est très belle, gracieuse, inconsciemment sexy même, brillante, extrêmement sympathique et mystérieuse. Du genre verbo-moteur, elle ne livre pas l'essentiel et souffre véritablement. Ce qu'elle dit au sujet de ses parents est très juste. C'est là le drame. Elle vit le sort réservé aux personnes intelligentes dans une société nivelée par le bas. Elle doit s'en sortir.

TOI

Un corps. Avec ses pulsions, son dynamisme, sa masse fébrile et sensuelle. En dehors de lui, il y a les autres qu'il rencontre un par un: «Toi...» Quelque chose de félin dans sa façon d'observer et de jouir du simple fait d'avoir un corps. CE N'EST PAS UN MACHO OU UN OBSÉDÉ SEXUEL. C'est un adolescent très sain qui respire la santé. Il pourrait faire les publicités pour le lait à la télévision. Mais sa vie intérieure n'est pas si simple. Il subit, lui aussi, très durement l'absence de modèle. Quand la pièce commence, il est dans un état émotif qui pourrait le pousser à l'autodestruction. Malgré son apparente inertie, c'est lui le moteur de départ. Il a un contact très approfondi avec la matière. L'acteur qui l'interprétera devra adopter une façon de toucher particulière. On doit avoir envie de sentir le contact de sa main. Il représente les besoins assumés, ce qui est inhabituel et qui fait peur dans une société conformiste. C'est peut-être pourquoi ses parents sont absents. Il doit s'en sortir.

ELLE

Celle dont on parle mais qu'on ne connaît pas. J'ai voulu créer un personnage heureux. Mais comme c'est ennuyeux, j'ai montré aussi quelques-uns de ses rêves. Elle n'a aucun problème à évoluer dans une société compartimentée, mais elle sait que ses motivations sont sans doute terriblement puissantes et effrayantes. L'interprétation doit relier le mystère des origines (ses parents naturels inconnus) et l'inconscient. Elle n'est pas passivement heureuse, elle est activement engagée dans la traduction du monde afin d'y être heureuse. La vidéo représente ce regard vers l'extérieur et, plus tard, vers l'intérieur. Elle sait qu'il faut briser les statues, détruire les images. C'est une femme d'action et de sang-froid. Elle sait qui elle est et elle connaît son corps. Ce savoir lui donne une sérénité exceptionnelle dans une société insatisfaite et névrosée. Elle doit s'en sortir.

LIEU

La chambre de TOI, qui est, en fait, le sous-sol de la maison de ses parents. C'est un très grand espace, très loft. S'il n'y avait ce matelas, on croirait tout simplement qu'il s'agit d'une installation pour une performance. Il est important de maintenir cette ambiguïté afin de favoriser le côté spectaculaire du texte. Mais il ne s'agit pas non plus d'une publicité pour Black Label. À travers cette esthétique art contemporain et scène alternative, postmoderne, quelque chose doit signaler qu'il s'agit d'une chambre d'adolescent. Il y a, bien sûr, un équipement vidéo maison, de la peinture, une chaîne stéréo, et les boîtes de repas congelés qui s'accumuleront progressivement.

TEMPS

Maintenant, réparti sur plusieurs mois d'une année scolaire.

JEU

Malgré les contraintes invraisemblables auxquelles doivent faire face les compagnies de théâtre qui se produisent en milieu scolaire, il est essentiel que les interprètes de cette pièce marquent une brisure avec le style de jeu agité et surjoué qui caractérise l'interprétation dans les spectacles et les séries télévisées destinés aux adolescents. La façon dont les personnages s'expriment n'indique qu'indirectement ce qui se passe réellement en eux. Ils parlent de choses graves sur un ton badin, ont des moments dépressifs sans préavis, cherchent une façon personnelle de se dire à travers les différents discours qu'ils pillent, insciemment parfois, mais aussi pour établir une distance par rapport à la charge émotive que les mots peuvent transporter. Il y a des ruptures abruptes, des temps morts où la vie pèse, des moments où l'on se contente de placer les accessoires (à l'exemple des spectacles rock où l'on ne joue pas à placer un micro sur scène). Il y a aussi des moments où les personnages se font des spectacles les uns aux autres, et d'autres où ils s'adressent directement au public, soit en prêtant aux spectateurs le rôle de camarades de classe, soit en leur rappelant qu'on est au théâtre.

Jusqu'aux os!

JUSQU'AUX OS!
d'Alain Fournier
a été créée le 8 octobre 1993
au Collège Jean-Eudes à Montréal
dans une production du Théâtre Le Clou
une mise en scène de Benoît Vermeulen
des décors et des costumes de
Raymond-Marius Boucher
des éclairages de Pierre Laniel
une conception vidéo de Natalie Lamoureux,
Éric Martel et Hugo Brochu
des musiques et des chansons de Sylvain Scott
une régie de Sonia Bélanger

avec
Caroline Lavoie: Moi
Monique Gosselin: Elle
Sylvain Scott: Toi

Le travail d'écriture s'est effectué en alternance avec celui de la mise en scène. Cet aller-retour caractéristique d'un «*work in progress*», sous la direction de Benoît Vermeulen, avec la collaboration du Clou, a assuré la cohésion de l'ensemble et nourri le processus d'écriture.

Introduction

Quand le public entre, les acteurs sont là. Il y a de la lumière dans la salle et sur scène. ELLE expérimente la caméra vidéo. Un montage musical varié (heavy metal, jazz, ethnique, classique, pop rock, grunge funk, Ferré) rythme ce moment. TOI fait de la peinture avec son corps sur un mur. MOI cherche un titre pour son oral de français.

MOI, TOI, ELLE travaillent à leur oral de français, chacun à sa façon.

CHANSON DE LA FILLE QUI CHERCHE UN
SUJET DE COMPOSITION FRANÇAISE

MOI cherchant un titre. Ça donne une litanie continue à travers laquelle s'insèrent les répliques des autres.

MOI

Ce qui reste de l'enfance.
Le microscope.
De qui tu te mêles?
Le sexe des anges.
L'inventaire.

Cash, pas *cash*, j'y vais.
Pôle magnétique.
Produit national brut.
Pâté chinois, c'est québécois.
Le ciel me pèse.
Table des matières.
Les couleurs du soleil.
La pollution des rêves!
La magie de l'âge.
Le cinéma du réel.
Elle avait un nom de fille.
Le secret oublié.
Le silence des yeux.
La Révolution tranquille coule dans mes veines.
Stratégies pour demain.
Orphelin dans mon cœur.
Faits divers et journal intime.
C'est parti pour rester.
Trois histoires pour une fin.
Un printemps pas de feuilles.
Banlieue des rêves.
Le *fortune cookie*. — Non, pas en anglais!
Le livre que j'ai pas lu.
Grandeurs et misères de l'âge ingrat.
Avant moi, le déluge; après, l'apocalypse!
Le temps d'une lumière rouge.
Discours d'un visuel.
On avait tous des lunettes.
Condamnés à vivre.
Le Parti mondial des jeunes.
Baromètre de mon âme.
Cocktail Molotov.
Ailleurs, c'est toujours la Terre.
Les migrations terroristes.
Le laboratoire de nos rêves.

L'âge des chrysalides.
La température des larmes.

Premier mouvement

ELLE

(*À TOI, par-dessus les titres, une fois la lumière baissée dans la salle, tout en continuant son vidéo:*) L'été, le soleil, l'eau; pourtant, la peur était là. Parce qu'à l'automne, c'était le secondaire.

TOI

Toi, t'avais peur; moi, j'avais hâte.

ELLE

Hâte, oui, mais peur aussi. Y est super, le vidéo de tes parents.

TOI

Tu peux le prendre pour ton travail. J'm'en sers jamais.

ELLE

Wow!

TOI

(*La coupant.*) Y sont pas là. Comme d'habitude.

Elle

Wow!

Moi

Trois histoires pour une fin. Le livre que j'ai pas lu, Grandes peurs et misères de l'âge ingrat.

Elle

Ta chambre aussi est super. On oublie que c'est un sous-sol. On se croirait dans un loft…

Moi

Loft and dry…

Elle

… dans un film.

Toi

Un terrier.

Moi

Ailleurs, c'est toujours la Terre.

Elle

Qu'est-ce que tu fais?

Toi

D'après toi? *(Ironique.)* J'ai l'air d'éplucher des patates, j'pense!

Moi

Le réveil du Beau au Bois dormant.

Toi

(Le prenant personnel.) Hey!

Elle

(La défendant.) Elle cherche un titre pour son travail.

Moi

(Poursuivant sans se rendre compte:)
Le silence des yeux.
La Révolution tranquille coule dans mes veines.
Stratégies pour demain.
Orphelin dans mon cœur.
Faits divers et journal intime.
C'est parti pour rester.

Toi

Y est déjà fini?

Elle

Non. Mais elle peut rien écrire tant qu'elle a pas trouvé son titre.

Moi

(Désespérée.) Qu'est-ce que j'vais faire?

Elle

Toi? *(À TOI:)* Parle-moi de tes peurs. Mon travail est là-dessus.

Moi

Qu'est-ce que j'vais faire?

VIDÉO DE LA PEUR

Il s'agit d'un montage d'extraits d'entrevues réalisées auprès d'adolescents sur leurs peurs. Une idée du Clou. TOI et MOI peuvent aussi y apparaître et présenter leur témoignage. Ce bref documentaire doit sembler très vrai.

MOI

C'est quoi le titre?

ELLE

Je sais pas. Je peux t'emprunter *Grandes peurs et misères de l'âge ingrat*?

MOI

Je te le donne. Moi, mon travail, je sais pas. Y a beaucoup de choses qui me préoccupent. Par exemple, moi.

TOI fait jouer un slow*. TOI et ELLE dansent et entourent MOI pour l'entraîner, mais MOI est trop absorbée par son monologue.*

MOI

Moi, j'suis un p'tit peu marginale. Les autres me trouvent un p'tit peu marginale. Je pense. J'ai réalisé que j'pouvais être un p'tit peu marginale pour les autres, parce que j'ai pas de problème. En fait, j'me suis toujours trouvée ordinaire, même plate un peu, peut-être, par rapport aux adolescents dont on parle partout, pour attirer l'attention, pour faire une nouvelle, une sorte de déformation médiatique. Mais je digresse, là. Ça se dit-tu? En tout cas, j'ai fait une digression. C'que j'veux dire, c'est que j'ai réalisé que j'pouvais être un p'tit peu marginale pour les autres quand j'ai découvert que les autres s'identifiaient aux jeunes qui sont supposés nous représenter dans les séries à la télévision ou dans les pièces de théâtre.

Moi, ce qui me surprend le plus, c'est que personne a l'air de se rendre compte du fait que ces acteurs-là, y ont pas quinze ans, ni dix-sept non plus, même si y jouent quatorze ans d'âge mental, pis que si y sont vraiment comme ça dans la vraie vie, à leur vrai âge, mettons vingt-trois, ben, c'est de valeur pour eux autres!

Je sais que j'ai toujours été vieille pour mon âge. Mon premier poème, que j'ai écrit à huit ans, parlait justement de mon enfance perdue, disparue à jamais avec mon ourson en peluche, comme les pissenlits qui meurent tout de suite quand tu les arraches. Mais c'est pas vrai. J'avais menti pour que ce soit plus beau. Je l'ai toujours, mon ours en peluche. En tout cas, si ces acteurs-là sont comme ça dans la vie à leur âge! Non mais! Autrefois, on était parent à cet âge-là!

Y ont même pas l'air adulte! Y ont l'air libres, par exemple. Y ont l'air de faire ce qu'ils veulent dans la vie. Y paraît qu'y font beaucoup d'argent, à part ça. C'est peut-être pour ça qu'y ont l'air si libres: y s'en foutent! Si j'avais mon permis de conduire, autant d'argent que je veux, j'aurais le même air. Mais j's'rais pas contente. Tu comprends que je parle pas spécifiquement d'eux autres: on les connaît pas vraiment. Peut-être qu'y ont pas le choix d'être comme ça: leur emploi, la télévision… Dans le fond, c'est un jeu. C'est comme un jeu, tout le monde le sait. J'aime mieux dire que c'est comme un jeu que de dire, mettons, que c'est un mensonge, ou que c'est de l'exploitation des masses, comme diraient mes parents. Y le diraient pas comme ça. Y diraient: «Y nous prennent-tu pour des épais!» Mais j'ai réalisé que j'pouvais être un p'tit peu marginale, j'en fais pas un problème, là, franchement, avec l'état du monde, c'est pas ça, un problème, quand j'ai vu que les autres jeunes de mon âge, y le savent eux autres aussi que c'est un jeu, mais y font comme eux autres à la télévision! C'est pus les acteurs qui imitent les jeunes, c'est les jeunes qui imitent des vieux! Des vieux qui ont l'air un p'tit peu débiles pour leur âge! Non mais, c'est pas d'leur faute, hein? C'est des acteurs. Y en a des comiques. Mais c'est pas mon idéal, d'imiter tout le monde toute ma vie. J'veux être moi. Pis moi, j'm'excuse, mais j'aime pas juste m'exciter, pis m'énerver, pis me garrocher sur les murs, pis envoyer chier le monde, pour montrer que je suis libre. C'est pas que je sois trop sérieuse, j'aime ça rire. Mais j'aime plein d'autres choses pis j'ai pas de temps à perdre. À vingt ans, Rimbaud avait déjà fini d'écrire. Nelligan était fou, Picasso était un génie, pis moi, je l'sais pas qu'est-ce que j'vais être, mais... Fuck! Pourquoi y font tout pour nous faire oublier qu'on est là?

J'suis peut-être un p'tit peu marginale, mais j'ai mes affaires à faire, moi. Pis y a personne qui va les faire à ma place.

ELLE

Un secret? Je suis une enfant... *(à TOI:)* adoptée.

TOI

Je le savais!

ELLE

C'est pas ça le secret. Je veux retrouver mes parents biologiques. Pas pour rester avec eux autres, juste pour savoir.

Moi

Moi, mes parents y restent encore ensemble! Pis y s'aiment! T'imagines! C'est ça qui me rend marginale!

Elle

Le sang qui coule dans mes veines vient d'ailleurs. Mon programme génétique me pousse peut-être vers l'anarchie, la révolution. J'ai peut-être la recette des cocktails Molotov dans le sang ou encore le secret des moines tibétains exterminés par les Chinois.

Toi

T'as pas l'air asiatique.

Moi

Moi, mes parents, c'est des «soixante-huitards», des *Peace and Love* qui se baignaient tout nus, qui fumaient de la dope, pis qui faisaient des manifs. On voit ce que ça a donné! Mais c'est pas si simple. Encore aujourd'hui, on dirait qu'ils ont quatorze ans d'âge mental. Y se rendent pas compte que le monde va mal. «On a juste une vie à vivre!» qui disent. J'dis pas qui niaisent tout le temps, mais y ont du fun dans la vie, y se font du fun avec rien. Par exemple, y prennent leur bain ensemble. J'comprends que ça les change de faire l'amour dans le bain, mais y monopolisent la toilette! On a rien qu'une toilette chez nous. Une toilette! C'est pas grave, mais dans c'temps-là, tu penses aux autres. Y dépensent. Y disent: «Pense pas que tu vas hériter d'un niveau de vie que t'auras pas choisi pis gagné par toi-même!» Mais y m'élèvent comme une classe moyenne au-dessus de ses moyens, pis y me donnent tout avant que je le demande parce que je suis fille unique pis qu'y veulent stimuler mon

développement! Mais moi, mon désir, y est où, là-dedans? Y disent: «C'est normal de se chercher à ton âge, pis c'est très positif de pas se trouver tout de suite! Tu seras moins superficielle que les jeunes qui mettent toute leur personnalité dans la couleur de leurs lacets de bottines!»

TOI

Hé que t'es compliquée! On dirait que ta vie c'est un entraînement à vivre plus tard, mais en attendant qu'est-ce que tu fais? Que produit ton bel esprit critique? Ta tête, c'est du *zapping* de livres, d'émissions, de tout c'que t'as entendu dire, mais t'as rien vécu de c'que tu racontes. Tu devrais lire de la poésie, c'est plus sensuel. Mais, bon, c'est toi, on t'aime comme ça! Y a juste toi qui es aussi perdue. On t'aime comme ça. Au fond, t'es une visuelle: tant que ça se passe en dehors de toi, t'as des meilleurs yeux que nous autres, t'as des meilleurs mots pour mettre le doigt dessus. On en profite. On t'aime comme ça, mais on t'aidera pas à faire ton ménage intérieur.

ELLE

(Au public, en se désignant:) Elle, elle écoute sans rien dire.

MOI ET TOI

(En chœur ou en se partageant les répliques.) C'est ma meilleure amie. Elle est tout le temps là quand y faut. Elle a réinventé le pâté chinois! On dirait qu'elle a choisi d'être là, elle. Elle est tellement forte en dedans. Elle sait tellement ce qu'elle veut. C'est tellement simple, c'est tellement évident, ça a tellement l'air normal c'qu'elle demande qu'on peut rien lui refuser.

ELLE

Elle veut retrouver ses vrais parents.

MOI ET TOI

(*Continuant de parler d'ELLE, en chœur ou en se parta-geant les répliques.*) Elle a l'air de vivre déjà sa vie. Elle vit comme elle respire. C'est ridicule, mais ça dit bien c'que ça veut dire. On est jaloux d'elle. On l'admire. Elle est comme ça depuis toujours. Non, elle avait peur des avions. Elle a encore peur des avions. Non, elle suit des cours de pilotage. Elle pourrait être pilote d'avion si elle le voulait. On s'en rappelle, quand elle courait dans la cour de récréation pour se cacher, chaque fois qu'un avion passait. On riait d'elle. Jusqu'à ce qu'elle fasse son exposé oral. On s'en sou-vient. Elle chantait: «Quand ta famille passe aux nou-velles, quand ta langue maternelle est un souvenir de guerre.» Elle avait toute une histoire sur son enfance.

CHANSON D'ELLE

Quand ta famille passe aux nouvelles
dans les manchettes internationales
le monde est un gros villlage
et la vie encore plus sauvage

Quand ta famille passe aux nouvelles
c'est l'aut' côté d'la vie *jet set*
front page de morts et mitraillettes
loin pour aider, proche pour mourir

Quand ta famille passe aux nouvelles
tu prends la TV dans tes bras
Moman, laisse faire la politique
Moman, pourquoi tu t'bats pour ça?

Quand ta famille passe aux nouvelles
la face en sang le gun su'a tête
toi t'es au chaud dans ton salon
ta liberté t'fait mal au cœur

Quand ta famille passe aux nouvelles
tu comprends ben qu'y a un rapport
ta liberté a été gagnée
par tous ceux qui sont morts pour toi

Quand ta famille passe aux nouvelles
c'est parce que l'monde, c'est ta famille
Quand ta famille passe aux nouvelles
c'est parce que l'monde, c'est ta maison.

ELLE

(Lisant un billet trouvé pendant qu'on parlait d'elle.)
«Cher et unique amour de ma vie! Le seul qui me soit
resté fidèle! Pour combien de temps? Je suis partie me
refaire une santé au Mexique. J'ai décidé ça ce matin.
Tous les comptes sont payés pour un mois et le congéla-
teur est plein de soupers congelés. C'est ce que je peux
t'offrir de mieux; ma fibre maternelle est en veilleuse.
Profite de ta liberté. J'espère que tu penses à moi autant
que moi à toi. Je t'embrasse passionnément. Y.»

MOI

Yolande?

TOI

Ma mère.

ELLE

On se connaît pas beaucoup finalement. Jamais parlé
de tes parents.

> TOI

Pas envie d'en parler.

> *Le téléphone sonne.*

> TOI

C'est pour toi…

> MOI

Moi? *(Au téléphone.)* Maman?… Ben oui… Francine…
FRANCINE!… J'oublie pas ton prénom, mais j'te rap-
pelle que Francine a un enfant, une fille, MOI. Fran-
cine est maman. Allô Francine! Comment ça, j'envahis
nos voisins? Y sont jamais là. C'est quoi ça, «squatter»?
Un autre anglicisme? Mon vocabulaire français est plu-
tôt riche et diversifié. Hey! Y paraît que «squatter» est
dans le dictionnaire! Lequel? Si j'étais pas au téléphone
avec Francine, je vérifierais dans *Robert Larousse Bri-
tannica*. Non, Francine, j'essaie pas de détourner la
conversation ni de changer de sujet, je suis simple-
ment écœurée, choquée, surprise, ébaubie, en beau
joualvert que la loi 101 aie pas plus d'influence sur ton
niveau de langage! On est québécois!

Comment qu'est-ce que je fais là? J'ai quand même le
droit de voir mon chum! Tu sais pas c'que ça veut dire?
C'est québécois! Synonyme: copain, camarade, ami,
amant, amoureux; par extension: concubin, compagnon
de vie, douce moitié, âme sœur, mon pote, mon mâle,
mon homme, mon mec. C'est vrai que le sens est large
pis qu'y a beaucoup de possessifs dans l'extension.
Depuis quand? Aussi bien te le dire, tout le monde
écoute, ça fait que le secret est éventé: depuis neuf heu-
res à matin. Ben non, j'suis pas enceinte. J'avais des cours
de huit heures et demie à cinq heures, on fait pas ça dans

les cases, nous autres. Mais de qui tu te mêles? Hein? Pas de quoi tu te mêles, de qui. Hein? Francine? Maman? Maudit! C'est même pas vrai, j'en ai pas de chum.

Écoute, maman, Francine, c'est pas des mots croisés, c'est ma vie! C'est vrai en hostie que la langue, c'est le pouvoir! Je ne sais pas si nous avons des problèmes de communication, mais je trouve épuisant de traduire pour toi, avec tes mots, des réalités qui me sont personnelles. Oui, ça met une distance. C'est pas moi qui le dis! J'ai besoin d'un traducteur, j'me retrouve pus, j'me reconnais pus! Francine! Merde! Essaye de catcher toi 'si, siouplaît! On pourrait se donner rendez-vous dans un roman de Réjean Ducharme!

Est-ce que j'ai bien compris? Ce que j'ai l'intention de faire l'an prochain? C'est pour ça que tu m'appelles ici?

ELLE

«*Squatter*: nom masculin, personne sans abri qui occupe illégalement un logement vacant ou destiné à la destruction.» C'est quoi le féminin de ça?

MOI

(*Toujours au téléphone.*) Francine, j'ai mûrement réfléchi et je suis arrivée à la conclusion que le temps est venu pour moi de commencer à tenter d'affronter la vie en adulte. J'm'en vas en appart'.

ELLE

(*Lisant un message de télécopieur.*)
«*Good business, good money!*
China needs us!
Hope you in Shanghai next summer, if your mother let you go.»
Ton père est en Chine?

TOI lui arrache le papier.

MOI

(Toujours au téléphone.) Richard? J'pensais que t'avais ta réunion du club des sceptiques aujourd'hui. Non, Richard, c'est pas un trip. C'est un choix idéologique. Ben oui. J'ai comme zappé les modèles qui moisissent dans la tête d'un jeune Nord-Américain de sexe féminin à l'aube de l'an deux mille, t'sais veux dire? Non, mais, t'as raison, Richard, c'est pas parce que l'Europe de l'Est se fait manger par les multinationales que la liberté est capitaliste! Les valeurs matérielles guideront pas ma vie, c'est pas vrai. Non. J'ai pas d'argent. Un budget? Non. Un travail d'été? J'peux pas. J'ai mon camp intensif d'espagnol. Le libre-échange… Tu voulais que je sois prête pour le Québec de l'an deux mille. C'est toi même qui… RICHARD! Dans mon cheminement, j'arrive à une étape, pis… Papa! J'm'en vas.

TOI

Sais-tu quoi?

ELLE

Comment savoir?

TOI

Qui vient rester chez nous manger des soupers congelés pendant que mes parents sont partis?

MOI

(Toujours au téléphone.) Continue, Richard, ça m'aide de t'entendre pogner les nerfs comme un père ordinaire dans un téléroman! Ah! Richard, je n'ai qu'une vie à vivre, et, comme tu le dis si bien, y a personne qui

va la vivre à ma place! Bon ben, c'est ça, passe-moi Francine. Oui, ma mère. Ta femme, c'est ma mère. *(Aux autres:)* J'en peux pus, moi, d'eux autres!

TOI

Qui vient rester chez nous manger des soupers congelés pendant que mes parents sont partis?

MOI

(Toujours au téléphone.) Pleure pas, Francine. J'ai peut-être été un peu brusque. Tu sais comme j'ai de la difficulté à exprimer mes vraies émotions. T'as raison. Mes amis me le disent aussi. J'dis pas ça pour que tu te sentes responsable, c'est pas toujours la faute de la mère, Francine. Moi, j'pense pas ça, en tout cas. J'ai simplement essayé d'indiquer que je vieillis, ben pleure pas, j'parle pas de toi, j'parle de moi, c'est moi qui vieillis, toi, t'es toujours pareille! Bon. J'm'en vas au cégep l'an prochain. J'ai pas encore décidé de c'que j'veux faire, mais ça se pourrait que je sois obligée de déménager, de rester en appartement.

TOI

Qui vient rester chez nous pendant que mes parents sont partis?

MOI

(Après avoir raccroché.) Ben oui!

> *ELLE se lève et s'adresse au public qui représente ses camarades de classe pour son oral de français.*

ELLE

Chère madame Desneiges, mesdemoiselles, messieurs.
Pour mon oral de français, j'ai choisi une sorte de nar-
ration poético-géographique qui s'intitule: *Ailleurs,
c'est toujours la Terre.*

Je suis née yougoslave. Mon père était musulman
croate et ma mère catholique serbe. Ils sont morts tous
les deux quand j'avais deux ans. Alors, ma tante, qui
ne pouvait pas me garder parce que sa maison était
bombardée, m'a mise dans le coffre de l'auto d'un
voyageur de commerce qui s'en allait en Turquie. À la
frontière, il y avait un camp de réfugiés et j'ai été con-
fiée à l'adoption internationale.

Maintenant, je suis québécoise. J'aime le hockey.

Je suis née chinoise. En Chine, il y a des lois pour le
contrôle des naissances. Mes parents qui s'aimaient
beaucoup avaient déjà deux enfants. Alors ils ont dû
m'abandonner, car la Chine ne peut pas nourrir sa
population.

Maintenant, je suis québécoise. J'aime le hockey.

Je suis née française. Mes parents étaient persécutés à
cause de leurs convictions religieuses. Ça se passe au
XVIIe siècle. Alors, ils ont pris le bateau pour les colo-
nies, où on leur promettait la liberté. Ils sont morts
durant le voyage et moi, j'ai été adoptée par une
famille d'ici, un Blanc et une Amérindienne.

Maintenant, je suis québécoise. J'aime le hockey.

Je suis née iranienne. Le shah d'Iran exploitait les
pauvres au profit des compagnies étrangères, alors il y a
eu la révolution. Mes parents ont été torturés. Le voisin
m'a envoyée à l'étranger dans un train de marchandises.

Maintenant, je suis québécoise. J'aime le hockey.

Je suis née chilienne. Il y avait la guerre civile. L'armée enlevait les enfants pour terroriser les parents et les faire tenir tranquilles. Alors, on m'a cachée dans une valise et on m'a mise dans l'avion en payant le douanier.

Maintenant, je suis québécoise. J'aime le hockey.

Je suis née haïtienne. Là-bas, si quelqu'un n'était pas d'accord avec le régime et avec l'armée, toute la famille, même les cousins, était maltraitée. J'avais un cousin qui s'était enfui. Alors, ils ont tué mon frère. Mes parents m'ont mise dans une boîte en bois et m'ont jetée à la mer. Aux États-Unis, ils m'ont refusée, mais la Croix-Rouge m'a fait adopter par une famille d'ici.

Maintenant, je suis Québécoise. J'aime le hockey.

En Iran, ma cousine du même âge que moi est mariée et a deux enfants. Elle porte le voile, le tchador, et suit le Coran, leur Bible à eux autres. Elle dit que son pays est enfin libéré des Américains et protégé par Mahomet. Elle est très croyante.

En Chine, mes deux frères sont à l'université. C'est gratuit. Ils disent que la Chine est aussi pleine d'avenir que de passé. Ils disent que c'est stimulant de savoir que notre pays a besoin de nous.

Ailleurs, je ne sais pas ce qui se passe. Maintenant que je suis québécoise, je ne m'intéresse pas beaucoup à ce qui se passe ailleurs. J'aime mieux le hockey. Mais il n'y a plus beaucoup de Québécois qui jouent au hockey; il n'y a plus de vraie ligue de hockey québécoise avec des joueurs québécois. Mais il y a Manon Rhéaume! Ça veut dire quelque chose, ça, Manon Rhéaume!

Merci.

Deuxième mouvement

ELLE travaille à la vidéo. MOI installe leur nouveau lieu. On sent qu'elles sont maintenant chez elles dans le sous-sol de TOI.

Elle

J'ai commencé à faire mon journal intime avec la vidéo. J'ai besoin de toi, place-toi là. Mets mon linge. Vas-y; y est pas là.

MOI et ELLE échangent leurs vêtements.

Elle

On se sent bizarre dans la peau de l'autre. On devient étranger à soi-même. On se reconnaît plus. On attache tellement d'importance à la surface et à l'apparence. Mais quand on se regarde dans un miroir, c'est tout ce qu'on voit, la surface. Des poupées découpées dans un catalogue.

MOI et ELLE essaient toutes sortes de vêtements.

On veut contrôler notre image. On veut ressembler à ce qu'on veut être. On se dit qu'il doit y avoir un rapport entre la surface et la personne. On comprend vite qu'il y a toutes sortes de rapports: personnalité, classe sociale, culture, gang…

On balance entre deux lieux communs. D'un côté: «La première impression est toujours la meilleure»; de l'autre: «Faut pas se fier aux apparences.» On peut imaginer que le monde habillé pareil sont sur la même longueur d'onde. C'est pas vrai. Y a des pays où on peut pas s'habiller comme on veut.

Quand on travaille, on peut pas s'habiller comme on veut. Y a des gangs qui se pensent libres en s'habillant tous pareils. Y a des vêtements qu'on aime qui sont portés par des gens qu'on haït. Les gens qu'on haït finissent par nous faire haïr tout ce qu'ils portent, tout ce qu'ils font, tout ce qu'ils aiment… Faut pas se fier aux apparences.

TOI

(Entrant en coup de vent.) Qu'est-ce que vous faites?

ELLE

On joue à se mettre dans la peau de l'autre.

TOI

Qui veut des soupers congelés? Je suis le roi du micro-ondes.

MOI

Je ne survivrai pas longtemps à ce régime-là.

ELLE

J'ai commencé les recherches pour retrouver mes vrais parents.

MOI

«Connais-toi toi-même», a dit Socrate; pas connais tes parents. La société, c'est pus un groupe de familles, c'est un tas d'individus pognés dans des structures. Mon Dieu! Je parle comme Richard!

Pourquoi tout ce que je pense, quand je le dis, ç'a l'air de venir d'ailleurs? Ça m'écœure!

ELLE

C'est pour mieux me connaître, moi, que je veux les rencontrer. Parfois, j'oublie que je suis québécoise, que mes parents m'aiment et que je les aime aussi.

ELLE téléphone.

Allô? Je suis Élisabeth, Erzsebeth, Kovacs. Je suis arrivée au Canada le 17 novembre 1978, en provenance de Budapest, Gyivi, Orphan Organisation.

C'est pas le bon numéro de téléphone? Immigration Canada? Quelqu'un qui arrive d'ailleurs, c'est l'immigration? Non? L'adoption internationale? Tout ce que je sais, c'est que ça s'est fait par Gyivi, Orphan Organisation, à Budapest. La Croix-Rouge internationale? Merci beaucoup. *(Elle raccroche.)*

TOI

C'est où ça, Budapest?

MOI

(Cherchant le numéro de téléphone de la Croix-Rouge.) En Hongrie. Europe de l'Est. Très ouvert aux capitaux étrangers. Politiquement stable, malgré l'effondrement de l'Union soviétique.

TOI

Comme ça, t'es hongroise?

ELLE

Ben non. Je suis québécoise. J'ai été adoptée légalement par des bons Québécois.

TOI

Parles-tu hongrois?

ELLE

J'en connais même pas, des Hongrois. Comment j'aurais pu apprendre le hongrois?

MOI

C'est culturel. La famille, c'est la culture; ç'a rien à voir avec ton ADN.

TOI

Qu'est-ce que t'attends? Téléphone!

> *ELLE ne réagit pas. TOI prend le téléphone et compose pour elle. Il parle à sa place.*

TOI

Allô? La Croix-Rouge internationale? Merci. J'aimerais avoir des renseignements sur Gyivi, Orphan Organisation, à Budapest, en 1978. Je cherche mes parents. Merci. *(À ELLE:)* Ils cherchent.

MOI

(À ELLE:) Si ça t'intéresse plus, dis-lui d'arrêter.

TOI

(Au téléphone.) Comment, vous avez pas le droit de donner ces renseignements-là? Y faut être majeur? Je suis majeur. Mes parents adoptifs sont d'accord. Écoutez, je vais vous traîner en cour sur la Charte des droits et libertés de la personne. J'ai le droit de savoir qui sont mes parents naturels.

ELLE

Il dit n'importe quoi.

MOI

Mon père est comme ça aussi au téléphone.

TOI

(Toujours au téléphone.) Vous êtes la responsable des archives? Oui. Je m'appelle…

MOI

Erzsebeth Kovacs.

TOI

Erzsebeth Kovacs…

MOI

Budapest, 1978.

TOI

Oui, ça veut dire Élisabeth. C'est féminin, oui. Non, j'ai pas eu d'opération, c'est pour une amie. Elle est juste à côté de moi, mais est gênée. Raccrochez pas, je vous la passe, là. Madame? *(Il raccroche.)* AAhh!

> *Il y a un silence. Ce serait l'occasion d'enten-dre une mélodie ethnique, mais cette fois, on va seulement en parler.*

ELLE

C'est pas grave.

MOI

Non. C'est grave. Grave, c'est le bon mot.

TOI

Grave, grave, grave. Ça résonne dans la poitrine.

ELLE

Grave.

MOI

Mais toi…

TOI

Non, toi, qu'est-ce que tu sens quand tu fermes les yeux?

MOI

Fais pas ce jeu-là avec moi.

Toi

Elle est où, la confiance?

Tous

La confiance est en lambeaux.

LA CONFIANCE EST EN LAMBEAUX
(chanson)

J'ai toujours eu tout c'que je n'voulais pas.
Tout c'qui leur avait manqué, ils nous l'ont imposé.
Je n'suis pas malheureuse et je n'suis pas heureuse.
Je suis paralysée, j'ai trop peur d'avoir mal.

Quand j'ferme les yeux, mon corps est sans limites.
Je ne sens plus ma peau, mon centre se dissout.
Le monde me pénètre et je ne suis pas là.
Le monde me traverse et moi, je reste là.

J'oublie souvent que ceux qui passent sont humains
J'vois des images, des bouts d'films, des dessins.
Je me vois leur parler, je les entends répondre.
Mais qu'est-ce qu'ils veulent? Qu'est-ce qu'ils attendent
    de moi?

Mon père parle de transaction, ma mère parle
    d'échange.
Mon père parle de rapport de force, ma mère de
    guerre des sexes.
Mon père parle de respect, ma mère parle d'amour,
Et moi là-d'dans, j'ai des jouets éducatifs, c'est bon.

Comment avoir confiance en ceux qui s'en vont?
La solitude ne fait pas naître la confiance.
Quand j'ferme les yeux, je cherche qui je suis
et je trouve seulement ce que je n'suis pas.

Je n'suis pas celui qu'on voudrait que je sois
Je n'suis pas celle que je voudrais être
Je n'suis pas malheureuse et je n'suis pas heureuse
Je suis là simplement comme un poids pour moi-
    même.

(paroles: Alain Fournier, musique: Sylvain Scott)

Ils rient doucement, puis comme des fous.

Troisième mouvement

Il règne un ennui mortel qu'ELLE capte dans un film vidéo d'atmosphère où les volutes de fumée de cigarettes ont le beau rôle.

Moi

(Lisant.) «Étendue sur l'autel d'un temple maya, je sens la violence du monde dans mon ventre. Le ciel est sans pitié. Ma condition humaine me condamne à mourir. Je prolonge mon voyage. Ne t'inquiète pas. Y.»

Elle écrit bien pour son âge, beaucoup d'humour, je trouve.

Toi

Qui vient rester avec moi pendant que mes parents sont morts?

Elle

On reste avec toi. Depuis un mois. Tes parents sont pas morts. Y font leur vie, c'est pas pareil.

Toi

Y a une chose que tu peux pas, t'sais veux dire, genre...

ELLE

Y a une chose que tu peux pas, t'sais veux dire, genre…

TOI

Listen, man, tu l'as pas l'affaire.

ELLE

Listen, man, tu l'as pas l'affaire.

TOI

Buzz, buzz, buzz, offffffff!

ELLE

Buzz, buzz, buzz, offffffff!

TOI

T'es pas rapport. T'es pas dans l'rapport.

ELLE

T'es pas rapport. T'es pas dans l'rapport.

TOI

O.K. Correct. Cool. Dac. Efface.

ELLE

O.K. Correct. Cool. Dac. Efface.

TOI

Relaxe ton sexe.

ELLE

Relaxe ton sexe. Pogne le fixe, pogne pas 'es nerfs! Écrase. Raid! Pschht! Respire par le nez. Mange pas tes bas. Brasse pas ta cage. *Fuck, fuck, fuck!* Fa que là, j'y ai dit, t'sais veux dire, euh, euh, euh, *fuck, man, cool.* Fais pas chier, mec! Zapp! Off! OUT!

Le téléphone sonne.

MOI

(Répondant au téléphone.) Ah! C'est toi? C'est Francine. Allô ma p'tite maman d'amour en pleine crise de milieu de vie! Ben quoi! Tu vas avoir quarante dans un mois! J'essaie de comprendre. Ben non, j'écoutais pas la télévision, c'est toi, mon téléroman!

Pleure pas, Francine. J'en ai-tu un chum, moi? Je le sais que tu as des problèmes avec Richard. Comment t'en as pas? Ben pourquoi tu pleures comme une Madeleine d'abord? Oui, c'est une jolie expression. Parlons-en si ça te ramène à la surface. Tu pleures comme une Madeleine qu'on aurait trempée trop longtemps dans le café au lait. Tu t'imbibes, tu dégouttes, tu dégoulines, tu te défais, tu tombes en morceaux dans le fond du bol pis ça fait de la marde. AaaaaHHHH!

ELLE

(À TOI:) Raconte-moi ton enfance.

TOI

AAAAHHH!

MOI

(Toujours au téléphone.) Oui, je suis sans pitié pour toi, parce que je veux que tu m'haïsses pour que je puisse pus retourner à maison. Dis-moi pas que tu m'aimes! Je l'sais! Comment tu fais pour m'aimer quand je suis si détestable? Arrête de me dire que tu m'aimes! Tu m'aides pas. J'm'haïs, j'suis laide, j'suis conne, j'suis chiante, j'suis *nerd*! NON!

ELLE

Coucou!

TOI

Regarde-moi pas de même.

ELLE sourit et descend dans la salle.

TOI

Où tu vas?

ELLE

(À un garçon du public:) Toi, t'as l'air d'un gars qui comprend, es-tu capable de garder un secret? Qu'est-ce que tu ferais si ton chum, ton meilleur ami, avait quelque chose sur le cœur pis qu'y voulait pas t'en parler?

TOI

(En guise de réponse, avec une souffrante conviction.)
Ce fut un grand Vaisseau taillé dans l'or massif:
Ses mâts touchaient l'azur, sur des mers inconnues;
La Cyprine d'amour, cheveux épars, chairs nues,
S'étalait à sa proue, au soleil excessif.

Mais il vint une nuit frapper le grand écueil
Dans l'Océan trompeur où chantait la Sirène,
Et le naufrage horrible inclina sa carène
Aux profondeurs du Gouffre, immuable cercueil.

Ce fut un Vaisseau d'Or, dont les flancs diaphanes
Révélaient des trésors que les marins profanes,
Dégoût, Haine et Névrose, entre eux ont disputés.

Que reste-t-il de lui dans la tempête brève?
Qu'est devenu mon cœur, navire déserté?
Hélas! Il a sombré dans l'abîme du Rêve!

Émile Nelligan,
«Le vaisseau d'or»

*Entrée violente d'une musique, guitare élec-
trique très heavy metal, empêchant toute con-
versation. TOI peint à grands gestes saccadés
au rythme de la musique.*

MOI

(Toujours au téléphone.) Francine, je sais que je passe
tout mon temps ici, mais j'ai pas encore réussi à dor-
mir ici un seul soir. On fait l'amour à trois toute la
journée, mais le soir je retourne chez mes parents,
parce que c'est encore là que je me sens le plus en
sécurité. Comprends-tu ça? Non, on fait pas l'amour à
trois! Pourquoi t'accroches sur des détails? J'veux m'en
aller pis j'suis pas capable parce que je vous aime,
même si je vous haïs. Dis-moi pas que tu m'aimes pis
que tu veux mon bonheur! NON!

J'arrive, là, Francine! *(Elle raccroche.)* Faut que j'm'en
aille!

Toi

(L'empêchant de partir.) Non, on va t'aider, nous
autres.

Moi

Hey.

> *VIDÉO DE L'ENTRAIDE. Ce film vidéo évoque,
> dans les limites du possible, un moment de
> grande intimité et de tendresse entre eux. Des
> gros plans, des mains caressantes. Une nuit
> de larmes et de réconfort. Ou ce pourrait être
> une sorte de happening, MOI se roulant dans
> la peinture, imprimant son corps sur les
> murs, la léchant, l'embrassant, lui faisant
> l'amour.*

Elle

(En voix hors champ.) Elle n'avait pas la moindre idée
de ce qui pouvait lui arriver. Toujours, ses mots à elle,
avaient servi de paravent, avaient caché ses véritables
sentiments. Elle s'étonnait qu'on n'écoute plus le sens
de ses mots mais seulement la musique de ses paroles.
Elle était traumatisée par cette décision que nous
avions prise de répondre à son appel. Un suicidaire
qui nous dit: «J'ai envie de me tuer mais je ne veux
pas mourir, aidez-moi.» On l'aide.

Nous avons laissé la lumière allumée. Il n'y a pas eu
de black-out, ni de *fade out*. Nous nous sommes
caressés dans la lumière crue. Elle avait mal de cet
amour de ses parents qui la berçaient quand elle était
petite. Nous l'avons consolée comme des amis trou-
vent un moyen de le faire, comme toi tu l'aurais fait,
parce qu'après une bière ou un joint ou c'que tu veux,

c'est bon d'être pris dans des bras, même si ça prend une crise pour se décider. C'est tellement bon de pleurer dans les bras l'un de l'autre. La vie. On peut pas tout contrôler.

Il avait mal de vivre, seul avec deux filles, sa solitude et son rejet. Il se sentait abandonné. Il aurait voulu péter la gueule à son chum et se paqueter et briser les meubles. Il aurait voulu avoir plus mal pour ne pas sentir sa faiblesse. Il se sentait faible et ne l'acceptait pas. Alors, je lui ai rappelé qu'il était vivant et que son corps n'était pas une coquille pour le protéger mais un radar pour attraper tout ce qui passe, la souffrance et le plaisir. Quand tu perds un, tu tues l'autre. Et moi...

Fin du film vidéo ou du happening.

MOI

Hosties de chiens sales de tabarnaks de cheaps de stupides de bornés de twits! Oui, c'était bon. Non, vous m'avez pas violée. *(Au public:)* Hey, les voyeurs, y m'ont pas violée. J'ai ben aimé ça. *(Aux autres:)* J'aime ben ça qu'on m'attache pour m'aider. Je me sens originale. Un p'tit peu marginale, mais qui d'autre qui a des amis qui l'attachent pour l'aider? Toi qui cherches tes parents, tu pourrais comprendre que j'aie envie de retourner chez les miens?

TOI

C'est pas vrai. T'es comme moi, mais à l'envers. Y sont pas là, y sont trop là, y nous aiment mal de toute façon, y nous aiment comme des parents. Y disent: un homme, une femme, l'amour. Un spermatozoïde a un *blind date* avec un ovule! Et le reste qui commence la seconde après, c'est notre vie.

Quatrième mouvement

ELLE essaie d'apprendre le hongrois, TOI joue à ne rien faire, MOI fait un budget.

MOI

C'est combien un loyer normalement? Normalement, c'est combien?

Le téléphone sonne.

MOI

Ça doit être Francine! Mais il est quelle heure, là?

ELLE

J'm'en occupe! Allô? Elle est pas là! Y est pas là! Qui parle? Son père! Vous appelez de Shanghai? Y ont vraiment le téléphone là-bas! J'fais pas de farce plate sur les pays en voie développement! C'était juste une façon d'exprimer que je trouve ça très, très, très loin! Est-ce qu'y a un message? Non, j'suis pas sa secrétaire, mais j'peux prendre des messages personnels.

TOI veut prendre le téléphone, mais MOI le fait avant lui.

MOI

Allllôôô! Vous pouvez tout me dire et ça me fera plai-
sir de lui faire le message aussitôt que possible. C'est
qui la voix de femme en arrière de vous? C'est pas
votre épouse, car elle est au Mexique! Hon! Le vilain,
le vilain!

TOI saisit le téléphone.

TOI

*Allô daddy! You kept your promise! Please, forgive her.
Right, I felt lonely. What do you mean? I don't think
you phoned from Shanghai to talk to me about the
horny birds and the kinky bees!*

MOI

Bon, qu'est-ce qui faut mettre dans un budget?

TOI

Oui, maman est au Mexique. C'est correct.

MOI

Bell!

TOI

Non. Non. J'ai pas appris le chinois.

MOI

Hydro!

TOI

*I know. But listen, dad, you're going to be surprised, I
started to learn Russian. I mean Hungarian.*

ELLE parle hongrois.

Toi

Non, c'est pas vrai. J'ai essayé de retracer les parents d'une amie adoptée. Une Hongroise. T'es fier de moi! Ça me fait plaisir d'entendre ça. *You thought I was doing nothing!*

Moi

Ça prend déjà une bonne job pour pas coucher dehors! Faut-tu être riche pour avoir le droit de manger?

Toi

I'll tell you the truth! Life is so boring, that even women can't help it!

Moi

Pain.

Toi

Non, j'suis pas après r'virer gay. Je deviens philoso- phe. J'ai envie de savoir ce que je fais dans la vie. J'veux dire, j'suis quand même pas là pour faire du ski pis jouer au tennis!

Moi

Lait!

Toi

Ça va les études. *You'll be proud of your son.*

Moi

Beurre…

TOI

Oui, j'aurais envie d'arrêter.

MOI

Non, la margarine, j'm'excuse, pour la cuisson pis encore. Ça goûte moins bon.

TOI

A deal? Quelle sorte de *deal?*

MOI

Céréales. Ben j'commence par le déjeuner pis j'remonte.

TOI

Arrêter un an, ben voyons donc. Pour travailler avec toi? Où ça? À Shanghai? *You're going to pay me! What kind of job?*

MOI

Bacon? J'en mange jamais, mais y en a tout le temps, au cas. Y paraît que les gars, y en mangent.

TOI

A kind of general secretary? A go-for? Un bouche-trou, tu veux dire?

MOI

Peut-être qu'y faudrait faire un menu de la semaine pour savoir quoi acheter?

TOI

You want me to learn your tricks, your gimmicks! Ahhhhhh!

Moi

On n'est pas pour manger du steak haché pis du spaghetti tous les jours!

ELLE s'avance et saisit le téléphone.

Elle

C'est moi, la fille qui veut retrouver ses parents. Si ça vous dérange pas que j'me mêle de ce qui me regarde pas, vous pourriez pas y donner la même job avec quelqu'un d'autre que vous? Excusez-moi. Non, y veut pas travailler dans un dépanneur, mais pourquoi pas? Vous avez commencé là, vous aussi, et maintenant... Vous avez pas fait ça pour qu'y recommence à zéro... C'est généreux. Je comprends. Je vous le passe. Non, je suis québécoise. Mes parents actuels sont très bien. J'aimerais juste connaître mes parents naturels pour leur dire que je suis heureuse et qu'ils ont bien fait. Merci.

Toi

(Prenant le téléphone.) Daddy? No, she's not my girl-friend. She's a friend, a kind of real one. Papa, je sais que c'est une belle offre que tu me fais et que le contexte économique est très dur. Je le sais tout ce que t'as fait et ça me touche que tu penses à moi. Mais je pense qu'on se connaît pas beaucoup et que tu me mets bien des rêves à toi sur le dos. J'veux dire, je l'sais pas c'que j'veux. Quand j'vas l'savoir, ce s'ra peut-être pas c'que toi, tu veux. Ça me ferait d'la peine de... *Don't talk to me like you do. Guts, will, strength, honor, fight for survival!* Moi, j'te parle de notre relation, papa! Si y avait quelque chose qui te ferait plus chier qu'être c'que je suis, je le ferais! Pourquoi tu pleures, toi aussi?

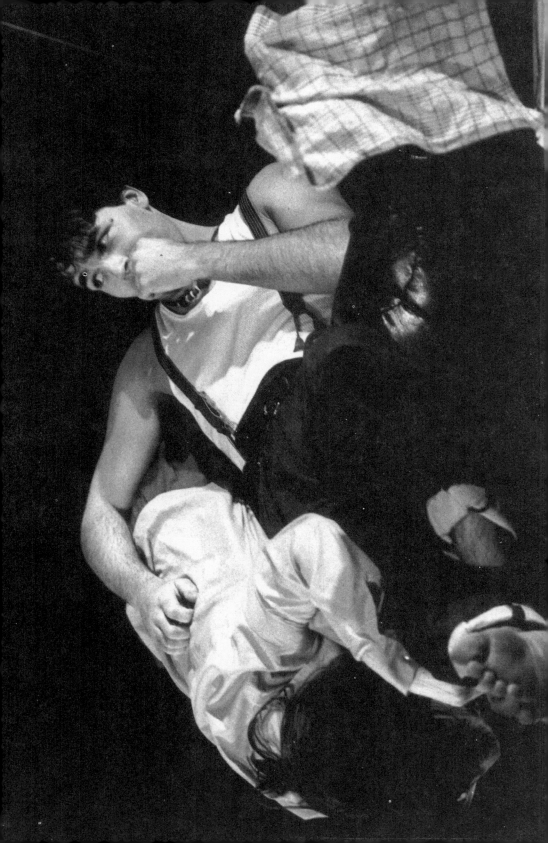

MOI

Mais c'est ben effrayant, la viande!

TOI

Pourquoi tu me dis ça? C'est toi qui as choisi de m'abandonner au Québec. T'aimais mieux aller construire un marché international pour les produits québécois, comme tu dis.

MOI

Ben j'pense qu'on va laisser faire pour le dessert!

TOI

Pourquoi tu me dis ça au téléphone? *Yes, I do. I love you too.* J'ai besoin d'y penser. S'il vous plaît.

TOI raccroche.

MOI

On a oublié le café, le jus, le savon à vaisselle, le papier de toilette!

TOI

Mon père dit qu'y a toujours eu deux sortes de Québécois: les cultivateurs sédentaires, pis les coureurs des bois qui vont où c'qu'y a d'l'ouvrage, pis que ç'a pas changé. Y dit que grandir, c'est partir.

MOI

Pis les Q-Tips?

TOI

Grandir, c'est partir.

ELLE

C'est une image. Sortir du cocon. N'importe quel cocon: la famille, la consommation, la gang. Sortir du cocon.

MOI

Hey! La télévision, le système de son, le micro-ondes! Qu'est-ce qu'on va faire?

TOI

Grandir, c'est partir.

ELLE

Ton père te met pas à la porte, il t'invite à travailler avec lui à Shanghai, pendant un an!

MOI

Si y a quelque chose qui m'intéresse pas, c'est bien de travailler avec mon père!

TOI

Pas moi. Ça fait des années que je rêve d'être avec lui.

MOI

Vas-y!

ELLE

C'est pas si simple.

MOI

C'est très simple. Y a juste peur.

TOI

J'ai pas peur de mon père!

MOI

(Sortir le sexisme patriarcal.) T'as juste peur de pas réussir à être celui que tu voudrais être. Tu veux surtout pas être comme ton père, mais t'as besoin que ce soit papa qui te dise: «Maintenant, tu es un homme, mon fils.»

TOI

J'veux pas qu'y me le dise, j'veux qu'y s'en aperçoive.

MOI

Y va-tu falloir que t'ailles au bordel avec lui, aussi?

TOI

Arrête.

MOI

Pourquoi j'arrêterais? T'as l'air d'un film américain: le p'tit gars qui pleure parce que son père vient pas jouer au baseball avec lui!

ELLE

Dis pas ça!

MOI

Moi, j'ai couché avec toi pis j'peux te le dire: t'es un homme! Veux-tu qu'on fasse un film vidéo pour y envoyer?

ELLE

Moi, quand j'ai eu mes premières menstruations, ma mère a fait une fête et m'a dit: «Maintenant, tu es une femme, ma fille.»

TOI

T'as raison, j'aimerais ça qu'y me dise: «Maintenant, tu es un homme, mon fils!» Parce que ça veut dire ben plus que de faire l'amour avec toi.

MOI

Fais attention à ce que tu dis!

ELLE

Laisse-le donc parler.

TOI

Homme, comme…

MOI

Si c'est pas homme comme couilles, gosses, queue, graine, c'est homme comme quoi?

TOI

Homme comme être humain, comme femme, comme c'que je voudrais être un jour; comme je voudrais qu'un être humain soit; comme un être humain devrait être…

MOI

Je l'sais-tu moi! J'veux être MOI!

ELLE

T'es toi.

MOI

NON!

TOI

Moi, oui. Mais je voudrais être mieux.

ELLE

J'comprends, c'est pas facile…

MOI

J'voudrais être moi.

TOI

J'voudrais être…

ELLE

T'es déjà.

TOI

Être meilleur.

ELLE

Meilleur que qui? Que quoi?

TOI

Le monde est loin d'être parfait.

MOI

Parlons-en du monde où c'qu'on est tombés.

TOI

Le monde est loin d'être parfait.

ELLE

Ça nous laisse quelque chose à faire. On peut être heureux quand même!

MOI

Non! Pas le bonheur!

ELLE

Moi, j'aime ça être heureuse.

MOI

C'est quoi ça, le bonheur? Comment tu fais pour être heureuse ici? Être bien dans sa peau?

ELLE

C'est une des affaires.

TOI

Quand je serai celui que je veux être, je serai heureux.

ELLE

Moi, je suis celle qui est là, et je suis heureuse.

MOI

Moi, là… moi, je suis celle qui zappe parce que je trouve ça pas mal *heavy*!

ELLE

(Directement au public, ou en théâtralisant, à la vidéo:)
Et nous en sommes restés là. Nous avons laissé un peu

de temps passer. Comme ça. Juste un peu. Du temps. Au théâtre, ça donne un silence. Quand on a peur du silence, on met de la musique. Parfois, on met de la musique pour montrer le silence. Au théâtre, ça peut se faire. Comme quand un peintre veut montrer que la neige est blanche et qu'il met du bleu. Dans les arts, on fait ça. Ça aide à voir plus, à être plus dans le monde. Toi, tu aimerais de la guitare électrique pour dire que tu en as assez. *(Guitare tonitruante, puis silence.)* Nous avons choisi le silence. La guitare est dans leurs yeux et ce sont eux qui jouent, au lieu de subir. Mais le silence est plein d'actions. Le silence n'est pas vide. Elle, elle voulait se retrouver; lui, il voulait trouver celui qu'il voulait être. Mais il n'y a pas de modèle, il n'y a pas d'image. Je leur ai proposé le silence. Je leur ai proposé de jouer à sentir qu'on existe. Moi, je pense à la mort tous les jours, parce que je viens d'un pays où l'on meurt. Quand je pense à la mort, je m'aperçois que je suis vivante. Être vivante, ça me suffit. Respirer, ça me suffit. Sentir que je suis en vie, ça me rend heureuse. Je n'ai pas besoin de me regarder pour savoir que j'existe. Je goûte, je touche, j'entends, je sens, je vois, et c'est bon. Je choisis ce qui est bon et je suis bien. Ici, on ne meurt pas, alors on oublie la mort et on oublie qu'on est vivant. Moi, je sens toujours que je suis vivante et que j'ai choisi d'être ici. Quand je pense comme ça, je suis bien. Pourtant, le dedans, c'est pas comme le dehors. En dedans, j'ai des envies, des désirs, des pulsions. Je les observe aussi. J'essaie pas de les arrêter. Je les laisse monter. Parfois, j'ai tellement de colère en moi que mon corps tremble. Il suffirait de presque rien pour que je tue quelqu'un ou que j'éclate en hurlant de rage. C'est normal que ce soit différent en dedans de moi et en dehors. Ça prouve que je suis là, que je suis vivante. Non?

Cinquième mouvement

Le téléphone sonne.

ELLE

C'est jamais pour moi.

MOI

J'ai pas envie de parler à Francine ni à Richard.

TOI

J'ai pas envie de parler à mon père ni à ma mère.

ELLE

(Au téléphone.) Allô? Papa? Moi aussi, je pense à vous autres. Quoi? Vous avez appelé pour avoir mon dossier? Merci beaucoup, beaucoup. Maman? Merci beaucoup. Oui, je vais aller vous voir demain. Non. Ça va bien. On se pratique à vivre tout seuls. Non, ses parents sont pas revenus. Oui, j'pense que ça l'aide. Non. Y est pas suicidaire. *(À TOI:)* Hein, t'es pas suicidaire?

MOI

Non.

ELLE

C'est pas à toi que je m'adresse.

TOI

J'ai envie de vivre cent millions de vies différentes.

ELLE

Bon. Je vous embrasse. On se voit bientôt. Merci encore.

MOI

J'ai fait un rêve.

ELLE

Tu t'en es souvenu?

MOI

C'est ça qui est extraordinaire.

TOI

Raconte à mon oncle.

MOI

Ça commençait par un cauchemar. J'étais dans la classe, je faisais un exposé oral sur nos relations interculturelles, sur nos relations avec les diverses communautés ethniques et les moyens d'action à l'échelle individuelle, nationale et internationale. Bon, afin de situer les gens, je racontais une histoire qui m'était arrivée. L'histoire, c'est ça: j'étais dans le métro avec mon amie Kim. Elle est née au Québec mais ses parents sont vietnamiens. On revenait du cinéma. Y était pas tard. Y avait plein de monde. Tu sais comment c'est, le métro. Les portes s'ouvrent, le monde sort, le monde rentre, les portes se referment. Là, y a une gang de skins qui est entrée, y ont sauté sur mon amie Kim, y l'ont battue à coups de poing, de pied pis de chaîne. Le temps d'une porte et y sont sortis. Le métro est reparti avec Kim et moi. La gang était ressortie en criant: «Retourne chez vous!» Le temps d'une porte et Kim avait perdu un œil pour la vie.

Là, je me suis retrouvée dans le temps des Fêtes, j'étais invitée chez une tante où on va pas souvent. J'avais pas revu mon cousin depuis des années. Je l'ai reconnu. Y était dans la gang de skins qui avaient battu mon amie Kim. J'ai pris la poivrière en cachette, pis j'y ai dit que je voulais devenir skin. Y m'a emmenée dans sa chambre peinturée noire, où y avait des rats pis des serpents, pis y a mis un disque de Megadeth pour qu'on puisse parler tranquilles. Là, y m'a dit qu'y apprenait à faire des cocktails Molotov pis que c'était ben écœurant de pas pouvoir acheter de mitraillettes comme on voulait. Mais lui y savait où en trouver. J'ai dit: «Chanceux!»

Un moment donné, y m'a regardée d'une drôle de manière. J'y ai dit: «Ben oui, c'est moi qui étais avec la Vietnamienne que vous avez battue dans le métro, toi pis ta gang!» Y m'a dit: «Dis-moi pas que t'es contre la liberté d'expression!» Là, j'y ai dit: «T'as raison!» Pis j'y ai pitché le poivre dans les yeux. Y criait, y voyait pus rien. J'ai pris un couteau sur son mur pis j'ai tué ses rats. Je les ai découpés en morceaux pis j'y ai mis les morceaux dans son linge. Y était plein de sang. Y criait. Ça fait que j'ai eu l'idée d'y rentrer son serpent dans sa bouche grande ouverte. Y l'a avalé tout rond. J'y ai dit: «Dis-moi pas que t'es contre la liberté d'ex-

pression!» Pis là, j'ai commencé à y couper la peau, à faire des croix gammées sur lui avec le couteau. Y aimait pas ça. Je l'ai attaché avec les chaînes, pis là j'y ai dit à l'oreille: «Mon amie Kim a perdu un œil à cause de ta liberté d'expression. Tu devrais te servir de ta tête avant de dire des niaiseries. Ça fait que tu vas regarder dans le dictionnaire qu'est-ce que ça veut dire pis tu vas me copier la définition cent millions de fois. En attendant, t'es mon esclave, parce que t'es débile. Pis si tu dis un mot, j'te fais manger par des cochons jusqu'à tant qu'y reste rien.»

Après, j'ai mis le feu dans sa chambre, pis j'ai averti ma tante que son fils faisait du crack. Quand elle a commencé à sentir la fumée, j'lui ai demandé si elle avait des assurances. Elle m'a dit: «Oui.» J'y ai dit: «Ma tante, t'aimerais pas ça commencer une vie nouvelle?» Elle m'a regardée longtemps dans les yeux, pis elle m'a répondu: «Si on allait ailleurs pour en parler. Y a d'la boucane, ici, c't'effrayant.» Pis on est allées au McDonald manger un hamburger.

Toi

T'es ben sadique!

Moi

C'était dans mon rêve! Penses-tu que j'f'rais ça? Mais là, c'est pas fini. Ça, c'est l'histoire que je racontais dans la classe dans le cadre de mon exposé oral. Mais personne m'écoutait, tout le monde me criait de me mêler de mes affaires. Vous deux, vous étiez là. Toi, tu pleurais comme d'habitude quand on parle de racisme. Toi, tu m'accusais de répondre à la violence par la violence. C'était un vrai cauchemar…

TOI

Après?

MOI

Après, je sais pas ce qui est arrivé. Ça finissait, j'étais dans un vaisseau spatial avec vous deux et on mangeait des produits congelés en se demandant c'qu'on allait faire.

TOI

Pis là, ma mère arrivait tout d'un coup!

MOI

Dis pas ça! Ce qui m'intriguait surtout, c'est pourquoi on était ensemble dans un vaisseau spatial. Qu'est-ce qu'y avait entre nous trois pour qu'on se retrouve ensemble.

TOI

En tout cas, on a joué à être en amour et c'est pas ça.

ELLE

Non, c'est pas ça.

TOI

Peut-être qu'on va finir par se détester à force d'être ensemble dans le vaisseau spatial.

MOI

Je t'ai déjà détesté. Mais en même temps, je me suis toujours sentie acceptée par vous deux. Je pense que vous êtes deux êtres humains que j'aimerais présenter à des extraterrestres.

Elle

Vous avez des qualités que tous les êtres humains devraient avoir, mais la plus importante, c'est que vous êtes humains.

Moi

Je pourrais essayer de comprendre, mais tu pourrais essayer de trouver le bon mot.

Toi

Vous êtes deux êtres humains tellement différents que ça me fait rire. Quand je pense à nous trois, ce que je ressens, c'est de la chaleur et du bien-être, de la tolérance. J'ai l'impression que je pourrai jamais vous décevoir parce que vous attendez rien de moi. Vous me prenez comme je suis.

Moi

Une sorte d'amour pour le genre humain en général représenté par vous deux. J'voudrais pas qu'y vous arrive du mal.

Elle

Moi non plus.

Toi

On est des maudits bons chums.

Moi

Ça peut se dire comme ça aussi.

ELLE

J'aime mieux une sorte d'amour. C'est plus beau.

MOI

O.K., on se chicane pas pour des mots pis on se prend par le cou pis on se serre fort?

Ils s'embrassent. C'est le moment que TOI choisit pour passer son message.

TOI

(Lisant un mot de sa mère.)
«Cher et unique amour de ma vie…
Aujourd'hui, le Mexique me pèse et ses couleurs me tuent. Je veux du blanc pour mieux voir et du froid pour garder les yeux ouverts. J'arrive! Y.»

Sixième mouvement

MOI téléphone.

MOI

Bonne fête Francine!

> *MOI raccroche. MOI est agitée et court d'un côté et de l'autre. MOI décore le lieu et installe des micros. Un vieux magnétophone à bobines est placé bien en évidence. ELLE entre en coup de vent et dessine d'étranges graphiques phosphorescents. MOI place aussi des lumières qui rappellent les pistes d'atterrissage.*

ELLE

Et puis?

MOI

Je lui ai souhaité un bon anniversaire pis j'ai raccroché. Je vois pas pourquoi j'm'arrangerais pour y dire des bêtises.

Non, mais si je ne peux pas me contrôler? On peut pas toutes être fines comme toi. Quarante ans! J'suis mieux de pas en parler. Pas avec elle, en tout cas. Avec toi non plus, ça a l'air. T'es ben bizarre? As-tu eu des nouvelles? On passe nos journées au téléphone pis t'as pas eu de nouvelles? J'ai même parlé de toi dans des lignes ouvertes. Je te le dis. Pendant que t'étais chez tes parents, on a fait l'amour, mais quand y a pas d'amour, j'veux dire pas le grand amour avec un grand H comme Harlequin avec un grand Q, ça va plus vite, c'est agréable quand même, mais disons que ça remplit pas la soirée. Alors, on a commencé à niaiser pis j'ai appelé à CKOI pour parler au poète à la tête de billard, celui qui a une âme boostée dans un corps groundé, Francœur, mais c'était pas lui. J'ai quand même raconté ton histoire en pleurant pis j'ai eu droit à un montage des hits de l'année de ta naissance. Ça ressemblait un peu à mon cauchemar. J'avais l'impression que tout le monde dansait pendant que je pleurais. J'ai fait appel à la solidarité des minorités pour essayer de retrouver tes parents. Et là, ça a fait clic dans ma tête. Eurêka! pensé-je sans le dire parce que personne aurait compris. Une stratégie, de la méthode, clic, ça dandandandanse dans ma tête! j'avais rien à faire, ça fait que j'ai décidé de faire toutes les lignes ouvertes en leur racontant des versions de ton histoire, qui pouvaient faire leur affaire. J'ai dit à Sonia Benezra que t'étais juive et que tes parents étaient rockers, à André Arthur que t'avais été abusée par la Croix-Rouge internationale, à Marguerite Blais que t'étais devenue lesbienne à l'âge de trois ans. J'ai dit n'importe quoi dans tous les styles de radio, de journaux et de télé pour qu'on retrouve tes géniteurs. J'ai même envoyé un fax à Roch Voisine parce que je trouvais qu'y manquait de cause sociale.

COMME ÇA, T'AS PAS EU DE NOUVELLES?

Tu sais, j'ai compris des choses à vivre avec vous autres. La plus importante, et tu vas apprécier l'image,

c'est que ça n'a pas d'importance si le papier de toi-
lette ne matche pas avec la céramique! Une fois que
j'ai eu admis ça, ç'a été très vite. Pas besoin de bacon,
j'en mange pas. La TV, c'est plate, j'aime pas ça; les
vidéos américains non plus, y a juste ça, pas besoin.
Les produits congelés, j'aime pas ça, pas besoin de
micro-ondes. Si t'achètes les produits de la semaine,
c'est moins cher. J'ai l'adresse des endroits où tu peux
aller manger gratuit le midi. J'y ai été. C'est bon. J'suis
bien capable de faire comme tout le monde pour une
fois. Je serai pauvre et heureuse.

À part ça, j'ai une nouvelle, mais je te la dis pas.

Tu veux pas le savoir?

Tu t'en fous?

Y paraît que les Bleu poudre se sont fait bleacher, y
sont jaune citron astheure!

T'a trouves pas drôle?

J'ai découvert que mes vrais parents étaient Diane
Dufresne et Alice Cooper!

Tu me dis pas que j'suis méchante?

Ben non, tu comprends, toi. Elle, a comprend. C'est
notre souper d'adieu. C'est ce qui explique ma nervo-
sité et mon humour de poteau de téléphone. En par-
lant de téléphone, comment ça se fait qu'y sonne pus?
Fais-moi donc une phrase avec alligator. Larmes de
crocodile.

> *MOI se met à pleurer à gros sanglots. ELLE*
> *veut la prendre dans ses bras.*

MOI

Laisse faire!

TOI entre, habillé en Africain (quelle ethnie?). Personne ne s'en aperçoit.

TOI téléphone à son père.

TOI

Allô? *Dad! I made up my mind.* J'ai décidé d'arrêter un an. J'suis content que ça te fasse plaisir. Non. Non. J'm'en vas en Afrique avec Jeunesse Canada Monde. Oui. J'ai l'impression de vivre en paralysé branché sur ma chaîne stéréo, les yeux dans la télévision, la langue dans le synthétique, le corps dans l'air climatisé. J'ai rien appris par moi-même. Je réclame le droit à l'erreur, à la gaffe, à l'accident. Je veux suer, je veux toucher de la vraie terre, une fois dans ma vie. Je veux aller d'une place à l'autre avec mes jambes. Je veux avoir envie de boire de l'eau, avoir faim, avoir soif, une fois. Je veux vivre.

Quoi? Oui, maman arrive cette nuit. Papa? Y a raccroché.

MOI

C'est-tu vrai?

TOI

Y a raccroché.

MOI

C'est-tu vrai?

TOI

L'Afrique? Oui.

MOI

Laisse faire.

> *TOI tente de serrer MOI dans ses bras, elle se*
> *dégage. Le téléphone sonne. ELLE répond.*

ELLE

Allô? Vous êtes le journaliste du *Journal de Montréal?*
Oui. J'ai eu des nouvelles de mes géniteurs. C'est des
gitans. Oui. Ce n'est pas un problème de guerre. Sauf
que depuis la guerre froide, les gitans, qui sont des
nomades, ne peuvent plus voyager comme avant.
Comment, c'est plate? Ma mère était une fille-mère,
quatorze ans, gitane, et elle m'a laissée à l'orphelinat.
C'est tout. Ben oui, ça arrive ici aussi. Exactement
pareil. Le monde est petit, hein? C'est pas intéressant?
Vous, êtes-vous intéressant? Non plus. Voulez-vous un
scoop? Devant les manifestations de solidarité des
jeunes du monde entier, j'ai décidé de fonder avec
deux amis le Parti mondial des jeunes. Notre objectif:
le droit de vote à quinze ans. Un juste partage des
pouvoirs en fonction de notre apport à la société de
consommation. La moitié du monde est adolescente,
on veut siéger dans tous les conseils d'administration
du monde. Notre slogan:

MOI ET TOI

Fais-le pendant que tu peux!

ELLE

D'abord, la dette nationale, on veut pas la payer! On la
paiera pas! Assumez-les, vos gaffes! Liberté d'expres-
sion égale liberté d'action. Mais…

MOI ET TOI

Liberté égale responsabilités.

ELLE

Ici, on veut le service social obligatoire. Oui, comme
un service militaire, mais social, payé un peu, person-
nel d'appoint en stage pour le nettoyage du fleuve, les
services sociaux aux personnes âgées, les centres de
jeunes, les garderies, les hôpitaux, le reboisement,
l'intégration des immigrants, les coopératives, les acti-
vités socioculturelles, etc. Tout ce qu'on peut pus se
payer, on va le faire. Apprentissage du monde. C'est
un bon scoop, hein?

TOI

T'es une gitane?

ELLE

Non. Je suis québécoise. Je suis la reine du pâté chi-
nois. Écoute ma recette:

(*Chantant.*)
Une canne de blé d'Inde
Une livre de steak haché
En masse de patates pilées
Au four à 350 degrés
Sel et poivre au goût

(Paroles: Marcelle Duguay)

ELLE

C'est notre souper d'adieu. Mais j'ai pas eu le temps
d'en faire. Ta mère arrive cette nuit. Ç'a été une belle
période.

Toi

Veux-tu aller quand même à Budapest pour les voir?

Elle

Oui. Mais je pense pas que je vais réussir à les retrouver, c'est des gitans… C'est drôle, tout le monde est déçu parce que mes parents sont pas morts ou amputés ou fous, comme ceux qu'on voit aux nouvelles. C'est juste un drame social ordinaire et pas un film d'aventures. Moi aussi, j'avais imaginé que j'étais différente. J'avais rêvé d'un passé au lieu d'un futur. Maintenant, c'est clair; je vis ici, je veux continuer à vivre ici, je veux avoir des enfants ici.

Moi

J'ai réussi à faire un budget. J'ai trouvé un cégep, un appart. J'ai appris à dormir en dehors de chez mes parents. J'ai laissé sortir mes émotions, même celles que je comprends, pis vous partez! On a fait un pacte d'amitié, on a inventé un vaisseau spatial de poètes disparus, on a téléphoné au monde entier pour retrouver tes géniteurs, on a mangé des produits congelés pendant deux mois, pis vous partez!

Toi

Ce qu'on a fait ensemble, ça s'efface pas. Ça va rester dans notre tête, quand bien même on serait sur une autre planète.

Elle

On peut pas forcer ces choses-là. Y faut en profiter le temps que ça dure.

MOI

Ta mère pourrait pas avoir un accident d'avion d'abord?

Le téléphone sonne.

MOI

J'veux pas parler à Francine ni à Richard.

TOI

J'veux pas parler à mon père ni à ma mère.

ELLE

Allô? Non, y est pas là. J'suis la femme de ménage. Oui. J'peux prendre un message. «Mon fils, c'est ta mère. Je ne rentre pas tout de suite. Je vais voir ton père à Shanghai. Ne te couche pas trop tard.» J'vais lui faire le message. *(ELLE raccroche.)*

TOI

Je m'en doutais.

MOI

Ça te fait de la peine?

TOI

Ma mère est une vraie gitane et mon père, un vrai coureur des bois. Qu'est-ce qu'on fait?

MOI

On pourrait... se louer un appartement avec l'argent de tes parents et passer la maison à d'autres jeunes qui savent pas où aller.

ELLE

On pourrait... aller à Budapest tous les trois.

TOI

On pourrait... aller en Afrique tous les trois.

Le téléphone sonne.

TOI

Réponds pas.

Le téléphone sonne.

ELLE

On pourrait débrancher le téléphone.

Le téléphone sonne.

MOI

On pourrait refaire le monde.

CHANSON FINALE
Ce qu'en pensent les acteurs

Et ça finit par une chanson
Car la confiance est en lambeaux.
Ils sont partis refaire le monde,
Essayer d'en faire un plus beau,
Et moi, j'ai fini mon histoire.
Ils ne se marieront jamais,
Mais ils auront beaucoup d'enfants;
Leur bonheur sera peine et joie.

Je f'rai c'que j'peux, avec c'que j'ai;
Avec c'que t'as, fais c'que tu veux.

On est ensemble sur l'même radeau;
Pousse-moi pas en bas, jette-toi pas à l'eau.
Le monde est p'tit, fragile et beau.
Le monde est là comme un cadeau
Qu'on veut donner à ceux qu'on aime.
Les aimer un million d'années.

On est toujours tout seul au monde.
On connaît tous la solitude.
La souffrance de tout un chacun
Vaut bien la peine de sa chacune.

C'est une leçon de tolérance;
Il n'y a pas d'autre morale.
Et c'est un hommage au courage
De ceux qui osent refaire le monde.

(Paroles: Alain Fournier, musique: Sylvain Scott)

FIN

Guide d'accompagnement

RÉSUMÉ

Pendant l'absence prolongée de ses parents, un adolescent invite deux amies à partager son sous-sol et les repas congelés laissés en réserve par sa mère. Elles acceptent de vivre cette première expérience de cohabitation. Ensemble, ils profitent de leur indépendance pour rechercher les parents naturels de la Québécoise d'adoption. Au cours de cette enquête, l'autre fille apprend à s'éloigner du foyer familial et le garçon commence à définir le genre d'homme qu'il veut devenir

JUSQU'AUX OS!
COMME UN MICROCOSME
DE LA JEUNESSE ACTUELLE

D'analyses en statistiques, les experts de toutes les facultés tentent de définir cette génération X, Y ou Z. Comment sont-ils vraiment? Que deviendront-ils? Les portraits divergent. Ils sont affables, défaitistes, inconscients, désengagés, individualistes, «tripeurs», réactionnaires, victimes, irresponsables, trop gâtés, désillusionnés, pleins de possibilités, aucune de ces réponses ou toutes ces réponses... Le moins qu'on puisse dire, c'est qu'ils sont éparpillés. Sollicités de toutes parts, sans garantie nulle part, comment peuvent-ils faire des choix et se faire une place dans la société d'aujourd'hui? Quand le présent leur file entre les doigts comment peuvent-ils espérer avoir une emprise sur leur avenir? À quel demain auront-ils droit? Dans ce marasme économique où la rentabilité et la performance deviennent de plus en plus des valeurs fétiches, comment peuvent-ils se réapproprier le droit à la découverte avec tout ce qu'elle comporte de risques, de temps et d'argent? Où est la place du rêve, de l'art et de la célébration de la vie?

Voilà le questionnement autour duquel la création de *Jusqu'aux os!* est née. Une nécessité de traiter des thématiques du *no future* et un sentiment d'impuissance propices à générer un sentiment de total éparpillement. Nous avons décidé d'attaquer de front les aspects négatifs et positifs de l'éparpillement, soit l'indécision qu'il provoque et l'ouverture qu'il engendre. Ainsi, les personnages de la pièce seront aux prises avec des réflexions existentielles et chercheront par tous les moyens propres à leur tempérament à définir leur identité et leurs désirs. Des jeunes en quête, à la conscience éveillée et à la sensibilité aiguisée. Ce pourrait être une variété de «Mafalda-adolescente», de «Gainsbourg-puéril» ou encore de «Nelligan moderne»...

L'éparpillement fait donc partie intégrante de l'élaboration de la psychologie des personnages, de l'écriture du texte ainsi que de la recherche formelle du spectacle. Cette notion inspirait et nourrissait le travail sur l'éclatement de la forme théâtrale que le Théâtre Le Clou visait dans cette deuxième production.

Voici quelque thèmes abordés dans le spectacle:

— La difficulté de faire des choix et de se définir dans une société qui nous bombarde d'informations, d'images chocs et de symboles de réussite sans véritable modèle;

— le droit d'hésiter, d'expérimenter et de rêver;

— la force, l'imagination et le pouvoir de refaire le monde;

— l'estime de soi.

RÉSUMÉ DE LA PIÈCE

Durant l'absence prolongée de ses parents, un adolescent invite deux copines à partager le sous-sol et les repas congelés laissés en réserve par sa mère. À travers cette expérience de cohabitation, ils apprennent à vivre l'autonomie, l'affirmation de soi et la tolérance au rythme irrégulier et intense des émotions adolescentes. Malgré leurs désillusions, ils découvriront qu'ils ont le droit d'hésiter, d'expérimenter, de rêver et surtout qu'ils ont la force, l'imagination et le pouvoir de refaire le monde.

LES PERSONNAGES

L'auteur de la pièce a choisi de ne pas nommer ses personnages. Il les appelle plutôt MOI, TOI et ELLE. Tous les trois sont étudiants de cinquième secondaire.

MOI a besoin de parler pour exister. Parler pour essayer de comprendre, de grandir, d'évoluer. Mettre des mots sur les choses, c'est pour elle une façon d'avoir un certain contrôle sur sa vie.

TOI est un adolescent qui respire la santé. Il n'aime pas beaucoup, au contraire de MOI, avoir à mettre des mots sur les émotions qui l'habitent. C'est à travers la peinture et autres expressions plus physiques qu'il parvient le mieux à s'exprimer.

ELLE, c'est la force et la sérénité. Elle aspire à vivre au présent, mais son passé l'intrigue. Enfant adoptée, d'origine étrangère et de parents inconnus, elle se sent enfant du monde, touchée par toutes les guerres, toutes les injustices. Fille d'action et de sang-froid, elle n'a peur de rien ni même de la vérité.

LES INTRIGUES

Trois intrigues s'entrecroisent. D'abord MOI qui, confrontée à l'insécurité de l'autonomie, apprendra peu à peu à quitter le foyer familial. TOI cherche à définir quel genre d'homme il veut être face à son père, nouvel homme d'affaires engagé dans le commerce international. ELLE, une Québécoise d'adoption, veut retrouver ses parents biologiques avec l'aide de MOI et de TOI.

LE RETOUR EN CLASSE
QUESTIONS SUGGÉRÉES... RÉPONSES SUGGÉRÉES

En quoi cette pièce de théâtre peut-elle être différente de celles que vous avez vues dans le passé?

Peu importe le sexe, à quel personnage vous êtes-vous identifié ou lequel semble être le plus près de vous?

Qu'avez-vous pensé de l'utilisation des médiums:
— la vidéo;
— la peinture pour exprimer des émotions intraduisibles en mots;

— la chanson *La confiance est en lambeaux* pour identifier les pensées des personnages au sujet de la société, des parents, de ce qu'ils vivent;

— la poésie pour révéler ce que ressent TOI (faire ressortir les analogies);

— la chanson finale chantée cette fois par les acteurs et non par les personnages.

Avez-vous détecté certaines conventions théâtrales (la télévision-téléphone)?

Pouvez-vous ressortir des éléments précisant la notion du temps qui passe:

— la présence de nouvelles toiles peintes par TOI;

— l'accumulation des boîtes de soupers congelés;

— les cartes postales envoyées par la mère.

Quel rapport faites-vous entre certains symboles et leur utilisation dans le spectacle:

— le petit astronaute: la relation entre TOI, petit garçon, et son père;

— le petit astronaute sur l'écran pour signifier le voyage intérieur;

— la pyramide de soupers congelés.

Citer des exemples où le quatrième mur est brisé:

— quand MOI se présente au public durant *Hey Jude*;

— quand ELLE fait son exposé oral dans la classe de français;

— quand les comédiens chantent;

— quand ELLE s'adresse à un spectateur et le filme.

Avez-vous des commentaires à formuler sur les sujets abordés dans certaines scènes:

— le vidéo où des adolescents témoignent de leurs peurs;

— l'oral de français d'ELLE traitant des problèmes dans le monde;

— la scène traitant de l'apparence qu'on pourrait intituler «Être dans la peau de l'autre»;

— le rêve de MOI;

— le sentiment d'exister (points lumineux sur les personnages);

— le Parti mondial des jeunes.

Avez-vous reconnu «Le vaisseau d'or» d'Émile Nelligan?

Selon vous, pourquoi TOI le récite-t-il?

Qu'avez-vous pensé des chansons?

Pensez-vous qu'il est possible de refaire le monde?

Table

COLLECTION JEUNE THÉÂTRE

Cyr, René-Richard et François Camirand, *La magnifique aventure de Denis St-Onge*
Fournier, Alain, *Circuit fermé*
Fournier, Alain, *Jusqu'aux os!*
Hétu, Sylvain, Jean Lessard et Sylvie Provost, *Tiens tes rêves*
Lavigne, Louis-Dominique, *Le sous-sol des anges*
Lavigne, Louis-Dominique, *Tu peux toujours danser*
Lavigne, Louis-Dominique et Léonie Ossowski, *La peau de l'autre*
Théâtre Petit à Petit, *Sortie de secours*
Turp, Gilbert, *Les fantômes de Martin*

COLLECTION THÉÂTRE POUR ENFANTS

Bombardier, Louise, *Hippopotamie*
Camirand, François, Yves Lauvaux, Michel O. Noël et Monique Rioux, *L'umiak (le bateau collectif)*
da Silva, Joël, *La nuit blanche de Barbe-bleue*
da Silva, Joël, *Le pain de la bouche*
Fournier, Alain, *La petite fille qui avait mis ses parents dans ses poches*
Garneau, Michel, *Mademoiselle Rouge*
Gay, Marie-Louise, *Qui a peur de Loulou?*
Hébert, Marie-Francine, *Oui ou non*
Lavigne, Louis-Dominique, *Les petits orteils*
Lavigne, Louis-Dominique et Daniel Meilleur, *Parasols*
Major, Henriette, *Jeux de rêves*
Noël, Michel O., Roselyne Boulard et Joanne Ouellet, *La malédiction de Tchékapesh*
Sabourin, Marcel, *Pleurer pour rire*
Théâtre de Carton, *Les enfants n'ont pas de sexe*

COLLECTION THÉÂTRE

Laberge, Marie, *Jocelyne Trudelle trouvée morte dans ses larmes* (épuisé)

Laberge, Marie, *Le Night Cap Bar*

Laberge, Marie, *Oublier* (épuisé)

Lach, Friedhelm et Denis Marleau, *Merz Opéra*

La Rocque, Gilbert, *Le refuge*

Lebeau, Suzanne, *Contes d'enfants réels*

Legault, Anne, *Conte d'hiver 70*

Legault, Anne, *O'Neill*

Legault, Anne, *La visite des sauvages ou l'île en forme de tête de vache*

Marcoux, Jean-Raymond, *Bienvenue aux dames, ladies welcome*

Marcoux, Jean-Raymond, *La grande opération ou Quand les rêves refusent de mourir*

Noël, Francine, *Chandeleur*

Pednault, Hélène, *La déposition*

Pelletier, Maryse, *À qui le p'tit cœur après neuf heures et demie?*

Pelletier, Maryse, *Duo pour voix obstinées*

Pelletier, Maryse, *Du poil aux pattes comme les cwac's*

Pelletier, Maryse, *La rupture des eaux*

Petitjean, Léon et Henri Rollin, *Aurore l'enfant martyre*

Pollender, Raymond, *Tizoune, Montréal et les autres*

Provost, Sylvie, *L'ombre de toi*

Quintal, Patrick, *Kraken*

Salvy, Jean, *Beauté baroque*, d'après le roman de Claude Gauvreau

Théâtre de la Marmaille, *La vie à trois étages*

Troupe de théâtre d'Archambault, *Y'a rien là!*

Weinmann, Heinz, *Don Juan 2003. Éros et sida*

DOCUMENTS

Bourassa, André-G., Jean-Marc Larrue, Renée Legris, Gilbert David, *Le théâtre au Québec, 1825-1980. Repères et perspectives*

CEAD, *Théâtre québécois: 146 auteurs, 1067 pièces résumées* (édition 1994)

Centre d'essai des auteurs dramatiques, *20 ans*

Lapointe, Claude, *André Brassard: stratégies de mise en scène*

Le Coz, André, *La mémoire de l'œil, 25 ans d'émotions sur les scènes du Québec*

Nouvelle compagnie théâtrale, *En scène depuis 25 ans*

Sigouin, Gérald, *Théâtre en lutte: le Théâtre EUH!*

Smith, André (dir.), *Claude Meunier, dramaturge*

Smith, André (dir.), *Marie Laberge, dramaturge*

CET OUVRAGE
COMPOSÉ EN GARAMOND CORPS 12 SUR 14
A ÉTÉ ACHEVÉ D'IMPRIMER
LE SEPT SEPTEMBRE
MIL NEUF CENT QUATRE-VINGT-QUINZE
PAR LES TRAVAILLEURS ET LES TRAVAILLEUSES
DE L'IMPRIMERIE GAGNÉ
À LOUISEVILLE
POUR LE COMPTE DE
VLB ÉDITEUR.

IMPRIMÉ AU QUÉBEC (CANADA)